A vos aiguilles

Apprendre à crocheter et tricoter

Horiya MARIE

A toutes les tricoteuses et les crocheteuses.

A vos aiguilles

Apprendre à crocheter et tricoter

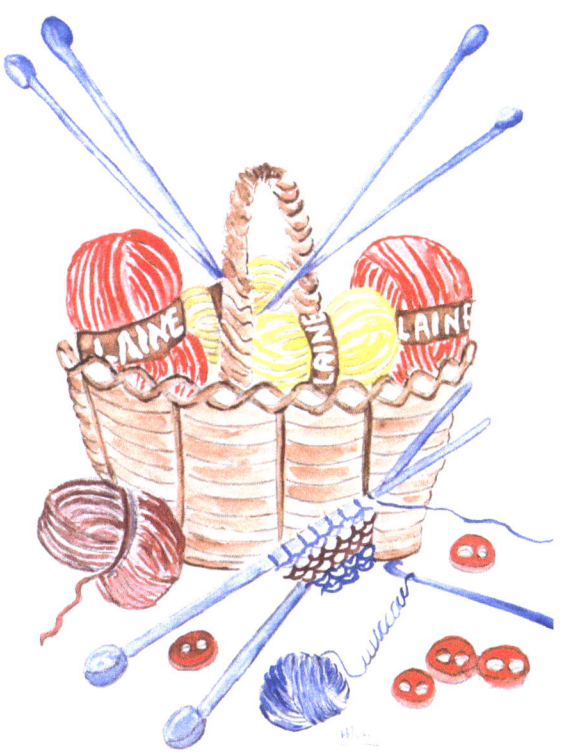

Horiya MARIE

Avant-Propos

Passionnée de crochet et de tricot depuis plus de 50 ans, vous découvrirez des modèles, que vous réaliserez facilement en quelques soirées.

Une pelote, un crochet, des aiguilles et le tour est joué.

Tout comme moi, vous serrez comblée et surtout satisfaite d'avoir créée de vos propres mains.

De plus c'est bon pour le moral et nous aide à lutter contre le stress.

C'est comme ci nous faisions du YOGA.

Vive la tricothérapie et la crochethérapie.

PETIT LEXIQUE DU CROCHET

Les points de base :

La Boucle ou la chaînette :

Faire un noeud, passez le crochet dans la boucle.

Tirer sur le fil pour serrer le noeud, un jeté. Passez le jeté au travers de la boucle et formez un nouveau jeté pour préparer une nouvelle maille. Faites autant de mailles chaînettes que nécessaire.

Chaque maille ainsi formée est une maille en l'air.

La chaînette doit être crochetée souplement et vous ne devez jamais tenir compte du nœud coulant de la première boucle (pour une chaînette de 7 mailles en l'air, faire un noeud puis 7 mailles en l'air).

La maille coulée :

Piquez le crochet dans une maille, un jeté, tirez pour ramener une boucle que l'on passe au travers de la maille qui est sur le crochet.

On l'utilise pour fermer les rangs.

La maille serrée :

Piquez le crochet dans une maille, un jeté, tirez pour ramener une boucle, un jeté, passez le au travers des 2 boucles qui sont sur le crochet.

La demi-bride :

Faire un jeté, piquez le crochet dans une maille, un jeté, tirez pour ramener une boucle, un jeté passez-le au travers des 3 boucles qui sont sur le crochet.

La bride :

Faire un jeté, piquez le crochet dans une maille, un jeté, tirez pour ramener une boucle, un jeté.

Passez le jeté au travers des 2 premières boucles, un jeté, passez le jeté au travers des 2 boucles restantes.

La double bride :

Faire 2 jetés, piquez le crochet dans une maille, un jeté, tirez pour ramener une boucle, un jeté.

Passez le jeté au travers des 2 premières boucles qui sont sur le crochet, un jeté, passez-le au travers des 2 boucles suivantes, un jeté, passez-le au travers des 2 dernières boucle.

La triple bride :

Faire 3 jetés, piquez le crochet dans une maille, un jeté, tirez pour ramener une boucle, un jeté.

Passez le jeté au travers des 2 premières boucles, une jeté, passez-le au travers des 2 boucles suivantes, une jeté, passez au travers des 2 boucles suivantes, une jeté, passez au travers des 2 dernières boucles.

Deux brides fermées ensembles :

Faire un jeté, piquez le crochet dans une maille, un jeté, tirez pour ramener une boucle, un jeté, passez-le au travers des 2 premières boucles qui sont sur le crochet (on obtient 1 bride ouverte) un jeté. Passez le jeté au travers des 2 premières boucles (on obtient une deuxième bride ouverte), un jeté, passez-le ensuite au travers des 3 boucles, ceci pour fermer les 2 brides ensembles. Faire une maille en l'air et reprenez le travail au début.

Point d'Ecrevisse :

Travaillez en maille serrée de gauche à droite soit à reculons.

Point de Coquilles :

1 maille serrée, sauter 1 maille du rang précédent, crocheter 3 brides sur la maille suivante, tout le rang ainsi.

Au Début de chaque rang, il faut crocheter une ou plusieurs mailles en l'air.

Cette chaînette remplacera la première maille, sa hauteur sera déterminée ainsi :

Maille serrée : 1 maille en l'air.

Demi-bride : 2 mailles en l'air.

Bride : 3 mailles en l'air.

Double-bride : 4 mailles en l'air

Triple-bride : 5 mailles en l'air.

A la fin des rangs, la dernière maille sera crochetée dans la dernière des mailles en l'air de départ du rang précédent.

PETIT LEXIQUE DU TRICOT

Montage des mailles :

Pour commencer un ouvrage il est indispensable de monter les mailles.

Je vous présente les plus pratiques et par ailleurs les plus utilisées.

Avec l'index et le pouce de la main gauche former une boucle avec le fil.

Glisser la pointe de l'aiguille sous l'anneau en l'introduisant dans la boucle.

Avec la main droite, jeter le fil de pelote autour de l'aiguille dans un mouvement de haut en bas et de gauche à droite.

Avec l'index de la main gauche rabattre la boucle par-dessus l'aiguille.

Passer l'index dans la boucle et tirer sur le fil.

Recommencer toutes ces opérations pour chaque maille.

Prendre l'autre aiguille et tricoter les points suivants :

Les plus utilisés.

Point mousse : Tous les rangs sont tricotés à l'endroit.

Point jersey : Tricoter en alternance un rang tout à l'endroit, un rang tout à l'envers.

Point de côtes : Tricoter un point endroit, un point envers alternativement, à tous les rangs,

Point de riz : Tricoter comme le point de côte mais en contrariant les points tous les rangs.

Point de côte torse : Tricoter la maille en prenant le fil de la maille derrière afin que cela soit tordu.

Point de toile : Il s'effectue sur 2 rangs :

1er Rang : 1 maille endroit fil devant, 1 maille glissée à l'envers, fil derrière.

2è m e Rang : 1 maille envers, fil derrière, 1 maille glissée à l'envers, fil devant.

BOURSE DRAGEES

BOURSE DRAGEES

Fournitures Coton à crocheter .

Coloris Rose, Bleu, Blanc Crochet N°1.75

Dimension : **18 cm x 6 cm**

Explications : Monter 24 mailles et crocheter suivant le diagramme

6 fois les 4 premiers rangs.

Continuer du 5ème au 9ème et arrêter.

Reprendre au début et réaliser les 5ème 6ème 7ème 8ème et 9ème rangs.

Coudre sur les côtés sur l'envers en mailles coulées et retourner la bourse.

Effectuer une chaînette de 20 cm et l'introduire dans le rang des doubles brides (rang 5).

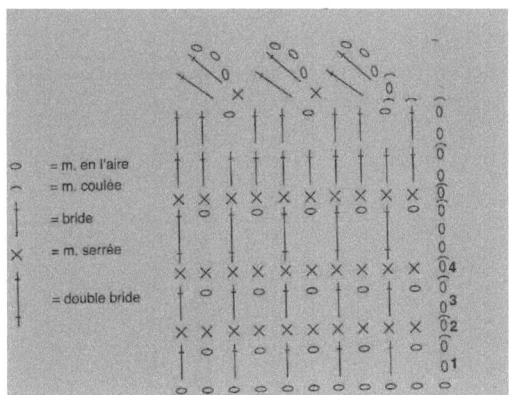

TROUSSE

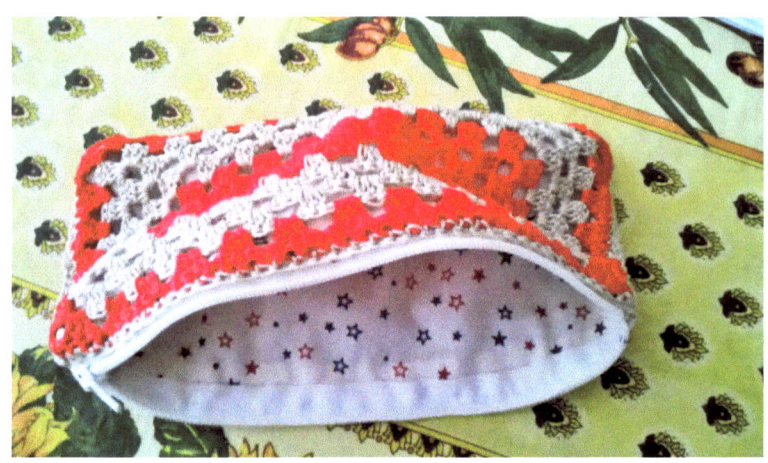

TROUSSE

Fournitures :

Coton à crocheter Coloris divers 1 crochet N° 2 Tissus 1 fermeture éclair 25 cm. Tissus en coton 30 x 30 cm

Explications :

Monter 10 mailles en l'air puis sauter 4 mailles depuis le crochet piquer dans la 5ème maille et crochet 3 brides puis 1 maille en l'air et dans la 10ème maille effectuer une bride.

Tourner le travail effectuer 3 mailles en l'air 2 brides dans l'arceau de la maille en l'air et dans le dernier arceau 3 brides. Retourner le travail et monter 4 mailles l'air puis crocheter 3 brides dans le seul arceau et une maille en l'air puis une bride sur la 3ème maille en l'air du rang précédent.

Faire ces 2 rangs ainsi de suite 18 fois puis crocheter en effectuant le tour et à chaque angle 3 brides 3 mailles en l'air 3 brides.

Arrêter le travail dès que le rectangle possède 5 angles.

Crocheter une autre partie.

Coudre les deux rectangle sur l'envers en maille coulée ou sur l'endroit en maille serrée (plus jolie)

Coudre le tissus sur l'envers et poser la fermeture éclair.

Crocheter un rang de mailles serrées.

BERET AUBERGINE

Joli béret à porter sans modération. A crocheter en une ou deux soirées.

BERET AUBERGINE

Fournitures :

2 pelotes de la laine coloris aubergine ou autre et 1 peu de rose.
1 crochet N°3.5 ou 4

Explications :

Monter 5 mailles en l'air et fermer en rond par 1 maille coulée

1er rang : 3 mailles en l'air 9 brides (= 10 brides).

2ème et 3ème rang : 3 mailles en l'air 2 brides sur chaque brides.

4ème rang : Tout en brides (1 bride sur chaque bride).

5ème rang : 1 bride « 2 brides sur 1 bride, 1 bride sur 1 bride » tout le rang ainsi.

6ème rang : Tout en brides (1 bride sur 1 bride).

7ème rang : 1 bride, 2 brides sur 1 bride tout le rang.

8ème et 9ème rang : Tout en brides.

10ème rang : « 2 brides sur 1 bride, 1 bride sur 1 bride, 1 bride sur 1 bride » tout le rang ainsi.

11ème et 12ème rang : Tout en brides.

13ème rang : « 2 brides sur 1 bride, 1 bride sur 1 bride, 1 bride sur 1 bride 1 bride sur 1 bride » tout le rang ainsi.

14ème et 15ème rang : Tout en brides.

Commencer les diminutions :

16ème rang : 3 brides sur 3 brides, 2 brides ensembles sur 1 bride.

17ème rang : 5 brides sur 5bride, 2 brides ensembles sur 1 bride.

18ème rang : Tout en brides.

19ème rang : 7 b rides sur 7 brides, 2 brides ensembles.

20ème rang : Tout en brides.

21ème au 25ème rang : Tout en demi brides.

26ème rang : Tout en mailles serrées.

Fleur : Monter 10 mailles en l'air et suivre le diagramme.

0 : mailles en l'air (ou mailles chaînettes)

x : mailles serrées.

† : brides simples

‡ : brides doubles

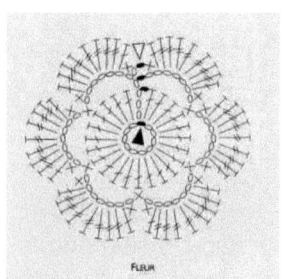

FLEUR

ECHARPE PRINTANIERE

Au printemps les soirées sont fraîches et ce tour de cou ne vous quittera pas.

ECHARPE PRINTANIERE

Fournitures :

Coton à crocheter coloris Ecru (1 crochet N° 1.75).

Explications :

Monter 51 mailles et effectuer le point suivant :

1er rang : 1 bride sur la 10ème maille en l'air * 3 maille en l'air, sauter 3 maille en l'air 1 bride dans la maille en l'air * répéter de * à * jusqu'à la fin du rang tourner le travail.

2ème rang : 5 mailles en l'air sauter (la 1er bride et 1 maille en l'air) 1 maille serrée dans la maille en l'air (du milieu) 2 mailles en l'air sauter (la maille en l'air), *1 bride sur 1 bride, 2 mailles en l'air sauter 1 maille en l'air, 1 maille serrée dans 1 maille en l'air , 2 mailles en l'air sauter 1 maille en l'air * répéter de * à *, terminer par 1 bride dans la maille 3ème maille en l'air du rang précédent, tourner le travail.

3ème rang : 6 mailles en l'air sauter, (2 mailles en l'air, 1 maille serrée, 2 mailles en l'air)* 1 bride sur la bride, 3 mailles en l'air sauter (2 mailles en l'air, 1 maille serrée, 2 mailles en l'air)* terminer par 1 bride dans 1 maille en l'air tourner.

Répéter les 2ème et 3ème rang.

A 150 cm arrêter le travail, effectuer des franches à chaque extrémité de l'écharpe.

CHALE

Un châle très simple à réalisé en laine ou en coton en fonction de la saison.

CHALE

Fournitures : 6 pelotes de laine. 1 crochet N°4.

Explications :

Monter une chaînette de 8 mailles en l'air et fermer en rond par 1 maille coulée.

(Au début de chaque rang vous ferez 5 mailles en l'air et à chaque fin de rang 1 maille en l'air et 1 bride.)

A chaque rang tourner l'ouvrage.

1er rang

5 mailles en l'air *3 brides 2 mailles en l'air* répéter 4 fois terminer par 2 mailles en l'air 1 bride et tourner.

2ème rang et rang suivant :

5 maille en l'air + 2 brides (dans la maille en l'air du rang précédent) 2 mailles en l'air, 3 brides 2 mailles en l'air 3 brides (dans l'angle au milieu du rang) 2 maille en l'air, 3 brides 1 maille en l'air 1 bride (dans la dernière maille en l'air du rang précédent.

Continuer ainsi sur 52 rangs dans la longueur désirée.

Bordure :

Tout autour du châle crocheter un rang de mailles serrées puis un rang de coquilles : « 1 maille serrée, sauter 1 maille serrée du rang précédent, 4 brides dans la maille serrée suivante et ainsi de suite ».

ENSEMBLE VIANNEY

Ensemble bébé taille 3 mois/6 mois à crocheter pour fille ou garçon

ENSEMBLE VIANNEY

Fournitures :

3 pelotes de laine. 1 crochet N° 3, 5 aiguilles à tricoter N°3

Explications :

Gilet

1er rang : Monter 1 chaînette de 4ml. Fermer par une maille coulée dans la première maille en l'air de la chaînette pour obtenir un anneau. 3ml (Compte comme une bride) 2 Brides dans l'anneau, 2ml, *3Brides dans l'anneau, 2ml*, répéter de* à * 4 fois, fermer par une bride sur la troisième maille des 3 premières ml.

Vous avez donc 6 groupes de 3 Brides séparés par 2ml.

2ème rang : 3ml (Compte comme une bride) : 2 brides dans la bride, 2ml, 3 brides. dans les 2ml du rang précédent, 1ml *3 brides dans les 2 ml suivantes du rang précédent, 2ml, 3brides, à nouveau dans ce même arceau, 1ml* Répéter de * à * 4 fois, fermer par une bride dans la troisième maille des 3 premières ml.

Continuer ainsi. Chaque rang doit avoir un groupe de 3 brides en plus sur chaque côté jusqu'à obtenir la taille souhaitée.

Plier ensuite l'hexagone en « L ». Vous aurez ainsi la manche, un devant et un demi-dos.

Réaliser 1 autre pièce et faire une couture discrète dans le dos.

Crocheter tout autour du gilet un rang de mailles serrées et autour des manches aussi.

Pantalon:

1er rang : Monter 1 chaînette de 8 ml. Fermer par une maille coulée dans la première maille en l'air de la chaînette pour obtenir un anneau. 3ml (compte comme une bride) 2 brides dans l'anneau, 2ml, *3 brides dans l'anneau, 2ml*, répéter de* à * 7 fois, fermer par une bride sur la troisième maille des 3 premières ml.

Vous avez donc 8 groupes de 3 brides séparés par 2ml.

2ème rang : 3ml (Compte comme une bride) : 2 brides dans la bride 2ml, 3brides. dans les 2ml du rang précédent, 1ml *3 brides dans les 2 ml suivantes du rang précédent, 2ml, 3brides, à nouveau dans ce même arceau, 1ml* Répéter de * à * 7fois, fermer par une maille coulée dans la troisième maille des 3 premières ml.

Vous avez donc 8 fois : 3 brides, 2ml, 3 brides, séparées par 1ml.

Continuer ainsi. Chaque rang doit avoir un groupe de 3 brides en plus sur chaque côté jusqu'à obtenir la taille souhaitée.

Plier l'octogone, afin d'obtenir un pantalon.

Réaliser 1 autre pièce et faire une couture discrète sur les côtés.

Monter 86 mailles sur 4 aiguilles (22 sur chaque aiguille) sur le haut du pantalon et tricoter avec la cinquième aiguille en côte 1/1 pendant 3 cm.

BRASSIERE

Pour l'arrivée de bébé cette brassière sera très utile

BRASSIERE

Fournitures

2 pelotes de laines layette. Aiguilles N°3

Explications :

Commencer par le haut.

Monter 82 mailles avec les aiguilles N°3.

Tricoter 6 rangs en côtes 1/1 en effectuant 6 mailles au point mousse au bout de chaque rang.

(ne pas oublier de faire 3 boutonnières reparties dans le travail mousse tous les 26 rangs = 13 barres).

A 1 cm Augmenter 1 maille toutes les 3 mailles et cela devient des côtes 1/2. On obtient 120 mailles

A 3 cm Augmenter 1 maille toutes les 2 mailles et cela devient des côtes 2/2. On obtient 158 mailles

A 6 cm Augmenter 1 maille sur 3 et tricoter en jersey endroit et sur le rang envers un rang endroit. On obtient 206 mailles

A 8 cm effectuer le point fantaisie (à chaque rang endroit tous les 3 rangs 1 maille endroit 1 maille envers).

A 12 cm laisser en attente sur un arrête mailles 36 mailles pour le ½ dos. Tricoter en jersey endroit sur 40 mailles pour la première manche puis mettre en attente le reste des mailles. Tricoter la manche jusqu'à ce que cela mesure 17 cm de hauteur totale (11cm depuis l'emmanchure) effectuer 2 cm de côte 1/1 en diminuant 6 mailles sur le premier rang.

bout reprendre les 40 mailles avant les 36 mailles de l'extrémité et faire la seconde manche comme la première.

Reprendre les mailles du ½ dos (36 m) les (52mailles) du deuxième ½ dos (36m) continuer jusqu' à 21 cm de hauteur totale effectuer 6 rangs de point mousse et arrêter le travail.

Coudre sur l'envers les manches.

Coudre 3 boutons

ENSEMBLE BRENDA

ENSEMBLE BRENDA

Fournitures :

3 pelotes de laine layette rose

1 jeu d'aiguille N°3 et 5 aiguilles.

Brassière : (Le même modèle que la page précédente).

Robe :

Points employés : Jersey endroit "trou-trous" : Rg 1 : * 2 m ensemble à l'endroit, 1 jeté , 1 m à l'endroit * répéter de *à* Rg 2 : sur l'envers, tricoter toutes les m à l'envers. Point Ecailles (au crochet) : " 1 m serrée, passer 1 m, 3 brides dans la m suivante, passer 1 m" répéter de "à"

Dos et devant :

Monter 92 m et faire 4 rgs en jersey endroit. Au 5° rg, faire un rg de trous-trous et continuer en jersey endroit.

A 5cm commencer les diminutions en effectuant tous les 6 rangs 6 x 1.

A 24 cm de hauteur totale, pour les emmanchures rabattre 1 x 3 et 1 x 2, et effectuer le rang trous trous pour froncer tricoter 3 mailles normalement et tricoter 2 mailles ensemble.

A 32 cm de hauteur totale, rabattre les 16 m centrales et au rang suivant 1 x3 et continuer un côté à la fois pour les bretelles, on a ainsi A 34 cm de hauteur totale, rabattre toutes les mailles des bretelles. Faire le dos de la même façon.

Finitions :

Faire les coutures des côtés de la robe. Bordure : crocheter 1 rang de mailles serrées et 1 rang d'écailles tout autour du bas de la robe, aux emmanchures et à l'encolure, en insérant 1 boutonnière de 2 m en l'air sur chaque bretelle du devant. Coudre les boutons en vis à vis au dos. Avec une aiguille à coudre, passer un ruban entre les trou-trous du bustier (voir photo). Terminer par un léger coup de fer.

COUVERTURE BEBE

Cette couverture suivra bébé dans toutes les circonstances

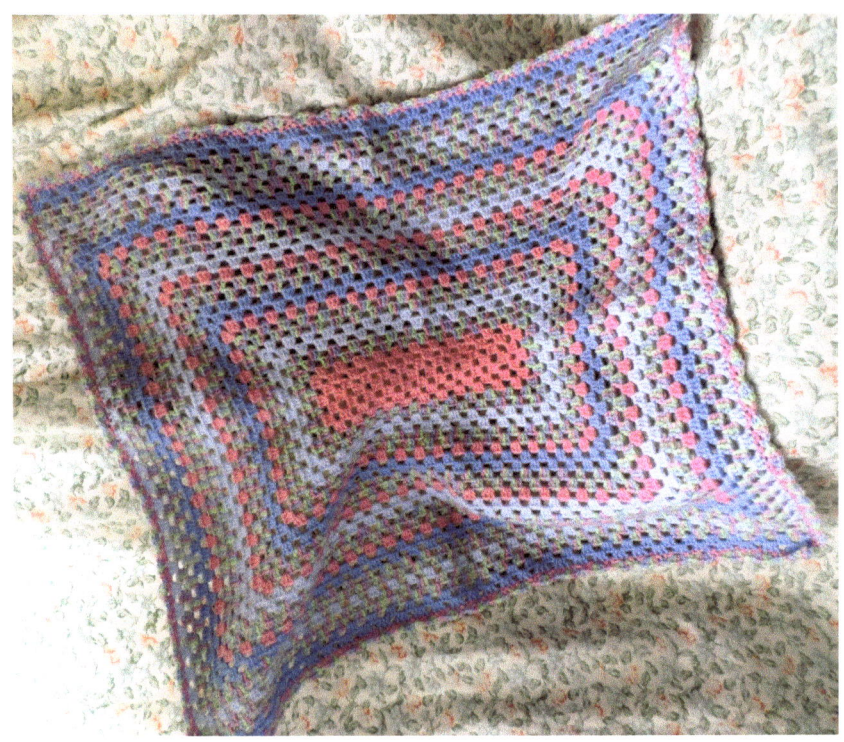

COUVERTURE BEBE

Fournitures :

6 pelotes de laines : 1 pelote rose, 1 pelote bleu ciel, 1 pelote bleu roi, 2 pelotes chiné

1 crochet N° 4

Dimension : 80cm x 60 cm

Explications :

Monter 8 mailles en l'air et crocheter

1er rang : 3 brides dans la 5ème maille chaînette, 1 maille en l'air et 1 Bride sur la dernière maille en l'air, tourner le travail.

2ème rang : 3 mailles en l'air (=1 bride) 2 brides 1 maille l'air 3 brides dans l'arceau, tourner le travail

3ème rang : 4 mailles en l'air 3 brides dans l'arceau du milieu 1 maille en l'air 1 bride sur la 3ème maille l'air du rang précédent tourner le travail.

Répéter les 2ème et 3ème rang afin d'obtenir 21 rang (3ème rang) couper le fil.

Reprendre à une extrémité (coin) en effectuant *3 mailles en l'air (1 brides) 2 brides 1 maille en l'air crocheter 3 brides 1 maille en l'air 3 brides tout le long de la couverture puis dans chaque coin 3 brides 3 mailles en l'air 3 brides et dans le dernier coin 3 brides 1 brides que l'on pique sur la 3ème mailles en l'air. A chaque rang recommencer à partir de *.

Diagramme :

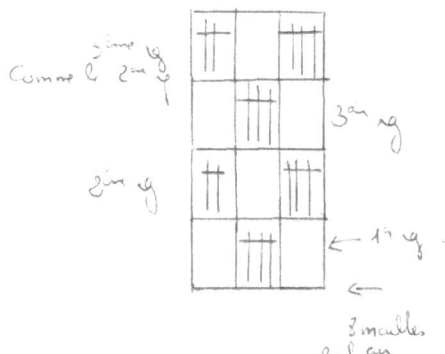

Bordure :

Terminer par un rang de mailles serrées et un rang de coquilles :
*1maille serrée, sauter 1 maille serrée, 4 brides dans la maille serrée suivante * répéter de *à* tout le rang.

ROBE FLEUR

ROBE FLEUR

Taille 1 mois crochet 3 et Taille 3/6 mois crochet 3.5

Laine utilisée : 2 ou 3 pelotes

Crochets : 3 ou 3,5 selon la grosseur de la laine.

Explications :

Se commence par le haut :

Monter une chaînette, avec le crochet n° 3, de 67 mailles + 2 pour tourner

dos1 : 1 bride dans chaque maille chaînette -> 8 fois, et maille suivante tricoter 1 bride, 1 m en l'air, 1 bride ;

manche 1 : dans les mailles suivantes tricoter 1 bride dans chaque maille chaînette -> 15 fois, et maille suivante tricoter 1 bride, 1 m en l'air, 1 bride ; devant : puis mailles suivantes : 1 bride dans chaque maille chaînette -> 17 fois, dans la maille suivante tricoter 1 bride, 1 m en l'air, 1 bride,

manche 2 : puis mailles suivantes : 1 bride dans chaque maille chaînette -> 15 fois, dans la maille suivante tricoter 1 bride, 1 m en l'air, 1 bride,

dos 2 : mailles suivantes : 1 bride dans chaque maille chaînette -> 8 fois, dans la maille suivante tricoter 1 bride, 1 m en l'air, 1 bride.

Rangs suivants : tricoter une bride dans chaque bride, puis dans la maille en l'air tricoter 2brides, 1 ml et 2 brides

Tricoter 9 rangs comme indiqués ci-dessus

Tricoter 1 rang de brides en réunissant les deux bouts des manches. C'est-à-dire : tricoter 25

brides + 1 dans la pointe, puis 1 dans l'autre pointe et 50 brides + 1 dans l'autre pointe, puis 1 dans l'autre pointe et 25 brides

Continuer en point fantaisie en rond :

1er rang : 2 ml pour tourner 2 brides dans 1 m puis * sauter 2 m et tricoter dans la m suivante

(2 brides 1 ml et 2 brides) * répéter de * à * et terminer par 2 brides et fermer .

2ème rang et rangs suivants :

dans chaque mailles en l'air tricoter : 2 brides, 1 ml et 2 brides

Passer une cordelette autour du buste au niveau des emmanchures.

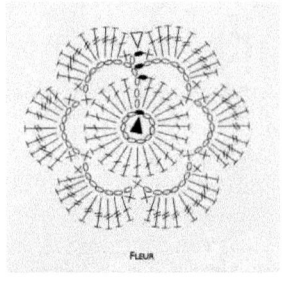

FLEUR

Fleur : Monter 10 mailles en l'air et suivre le diagramme.

0 : mailles en l'air (ou mailles chaînettes)

x : mailles serrées.

† : brides simples

‡ : brides doubles

TURBULETTE

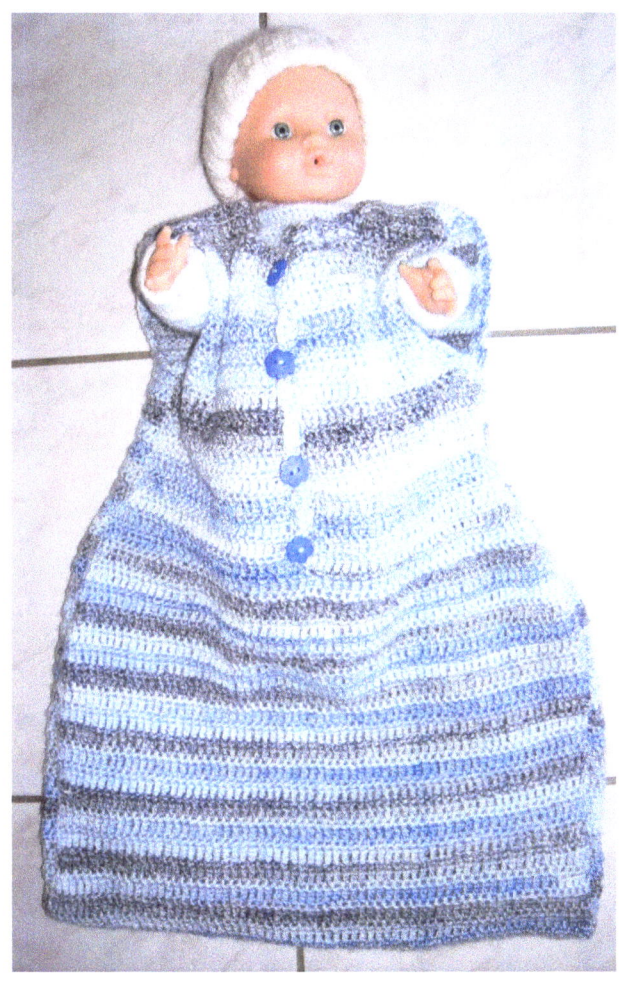

TURBULETTE

(Taille 3 mois à 6 mois)

Fournitures : 5 pelotes de laines 1 crochet 3.5

4 boutons

Point fantaisie : 1 rang de brides 1 rang de mailles serrées

Explications :

Dos

Monter 74 mailles avec le crochet N°3.5 et crocheter en point fantaisie et diminuer 5 x 1 maille tous les 4 rangs de chaque côtés il reste 64 mailles, puis augmenter 4 x 1 mailles tous les 6 rangs. Ce qui représente 72 brides

A 32 cm diminuer 8 brides ainsi 8 brides 2 brides ensembles tout les 2 rangs 4 fois.

Ce qui représente 64 brides

A 44 cm de hauteur total former les emmanchures et diminuer de chaque côté 1 x 3 et 1 x 1 mailles

Ce qui représente 52 brides

A 58 cm de hauteur total former l'encolure en crochetant 14 brides à chaque extrémité cela permet d'obtenir les bretelles. Il reste 26 brides pour l'encolure.

Devant :

Effectuer le même travail mais à 34 cm en même temps que les diminutions séparer le travail en deux et continuer chaque partie séparément.

A 44 cm de hauteur total former les emmanchures et diminuer de chaque côté 1 x 3 et 1 x 1 mailles

A 54 cm former l'encolure en diminuant 1 x 10 brides et 1 x 4 brides il restera 14 brides pour l'encolure, arrêter le travail à 58 cm de hauteur totale.

Coudre le bas et les côtés de la turbulette puis effectuer un rang de mailles serrées autour des manches et des devants puis un rang d'éventail : 1 maille serrée sauter 1 maille serrée crocheter 3 brides sur la maille serrée et ainsi tout le rang. Effectuer 4 boutonnières en mailles chaînettes à la place des mailles serrées……

FLEURS

FLEURS

Fournitures :

Coton ou laine à crocheter.

Crochet N°2 ou 3.5.

Diamètre : de 2 à 5 cm selon grosseur du crochet

Explications :

Monter 11 mailles en l'air + 3 mailles en l'air, crocheter sur la 4ème maille en l'air depuis le crochet 5 brides sur chaque maille en l'air (50 brides).

Tourner le travail 4 mailles en l'air (=1doubles brides et crocheter 1 double brides dans la maille en l'air ou vous avez commencé les 4 mailles l'air.

Crocheter 2 doubles brides dans chacune des 15 brides du rang

= (30 doubles brides)

Crocheter 2 brides dans chacune des 14 brides = (28 brides)

Crocheter 2 demi-brides dans les 12 brides suivantes = (24 brides) et finir par 2 mailles serrées sur chacune des brides et terminer le rang en passant le fil dans la dernière maille.

La fleur s'entortille d'elle-même.

Coudre le cœur en passant le fil de la dernière maille serré au centre et coudre avec le bout de fil du début de la fleur.

PIQUE EPINGLES

PIQUE - EPINGLES

Fournitures :

Coton DMC Blanc, écru, multicolore Crochet N° 1.5 ou 1.75

Diamètre : Environ 16 Cm
Explications :

Monter 8 mailles chaînettes et fermer en rond par une maille coulée.

Crocheter en suivant le diagramme.

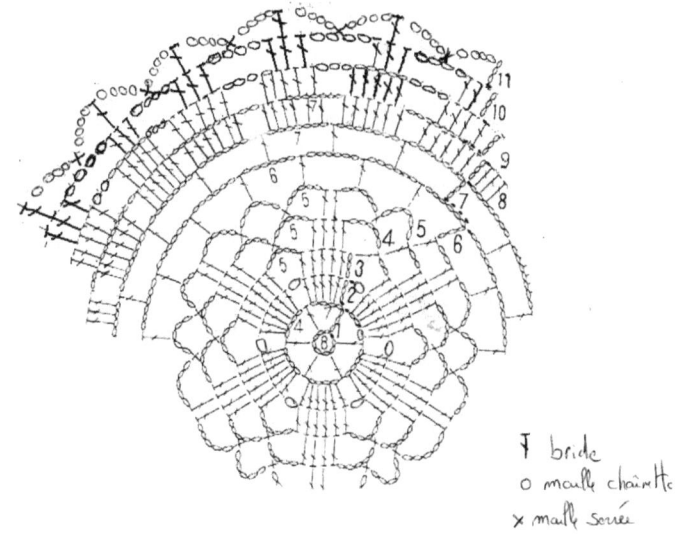

T bride
o maille chainette
x maille serrée

L'ouvrage terminé, y mettre de la mousse sous forme de boule ou du mouchoir en papier puis insérer un ruban au septième rang et fermer.